I0230347

www.ingramcontent.com/pod-product-compliance
Lightning Source LLC
Chambersburg PA
CBHW032130090426
42743CB00007B/545
9781588141620

One Day,
The Bird Will Fly

Collected Poems
[Persian Language]

by
Hashem Pourkarim

Ibex Publishers,
Bethesda, Maryland

Copyright and bibliographic information is on Persian copyright page.

پرنده

کتاب را بست.
به حضار نگاه کرد.
آنگاه،
به آرامی گفت:
«همه چیز معلوم است.
هیچ شک نباید داشت.
این نا بسامانی‌ها - این خانه خرابی‌ها - این مفت خوری‌ها -
این بیکاری‌ها- این دزدی‌ها - این رشوه گیری‌ها - این امر و نهی‌ها-
این باتون‌ها - این بگیر و بندها - این زنجیرها - این شلاق‌ها - این زندان‌ها -
این شکنجه‌ها - این نعره‌ها - این توطئه‌ها - این سیم خاردارها - این
دستبندها -
این دیوارها - .... - این اعدام‌ها ....
رفتنی‌اند.
هیچ شک نباید داشت.
پرنده،
روزی پرواز خواهد کرد.»

کف زدن ممتد حضار.

نان و آزادی فرا می‌رسند

صدا در تاریکی پیش می‌رَود.
دیوارها را می‌شکافد
گلوله‌ها را پس می‌زند
دیکتاتور می‌لرزد.

چهره‌یِ نان و آزادی
از دور
به نمایش می‌آید.

مردم در خیابان‌اند.
گرسنه‌اند.
نان می‌خواهند.
آزادی می‌خواهند.

چه کسی می‌داند؟
امشب؟
یا،
فردا شب؟

کسی در ایستگاه مترو نبود.
هوا کمی سرد بود.
روز،
روز تعطیل بود.
تنها درخت کاج نزدیک به او با حیرت نگاه می‌کرد.
و،
تاریکی،
نرمک نرمک رنگ می‌باخت.

فریاد

ایستاده بود آن جا،
بین دو ردیف پله‌ها،
و،
فریاد می‌کشید.

آن موقع صبح،
در تاریکْ روشنِ هوا،
صدایش انعکاس خاصی داشت.
گویی،
دردی در انتهای درون او،
به بیرون،
به فضای لایتناهی پرتاب می‌شود.

فریاد می‌کشید.
فریاد می‌کشید.
و اندامش را مانند رقص ملایم روی صحنه،
به حرکت می‌آورد:
نیم تنه.
دست‌ها.
پاها.

ترانه آخر

همان جا،
روی نیمکت چوبی‌یِ ایستگاه مترو افتاده بود:
به پشت
نه نامی.
نه نشانی.

کمی بعد،
آژیر آمبولانس در ایستگاه مترو پیچید.
همراه آن یک دستگاه ماشین پلیس هم آمد.
و،
جسد را بردند.

امّا درخت‌ها،
درخت‌ها جسد را دیده بودند.
فقط نمی‌دانستند کی بود.
از کجا آمده بود.
و به کجا می‌رفت.
گفتند:
«انسانی بود.
انسانی که ترانه آخر را روی نیمکت چوبی‌ی ایستگاه مترو خوانده بود.»

ماهِ بَدْر

در مزرعه سبز ذهن،
آب و بنفشه را بنشان،
و،
به نیکبختی‌یِ زمین فکر کن.
آن جا که زاده شدی،
و،
اندوه بزرگ را تجربه کردی.

در مزرعه سبز ذهن،
بامدادروشن را تصویر کن،
تا،
آواز نیمه تمام آن پرنده‌یِ خونین،
از گلوی یگانه‌یِ تو ساز شود.

اینک،
نگاه کن!
در قلبت،
ماه بَدْر نشسته است و ترانه می‌خواند.

همه چیز به حال اول بازگشت.
مرد،
به قدم زدن پرداخت.
و نوجوان،
روی نیمکت چوبی نشسته بود و نگاه می‌کرد.

تاریکی‌یِ شب هنوز نرفته بود.
روشنایی‌یِ روز هنوز نیامده بود.
امّا
باران،
باران نرم نرمک شروع به باریدن کرده بود.

تاریکی – سیگار

تاریکیِ شبِ هنوز نرفته بود.
روشناییِ روز هنوز نیامده بود.
مرد،
در محدوده‌ی مشخصی قدم می‌زد.
با سرعت می‌رفت و با سرعت باز می‌گشت.

ایستگاه اتوبوس خلوت بود.
نوجوانی به او نزدیک شد.
پرسید:
«یه سیگار داری به من بدی؟»
مرد ایستاد.
پرسید:
«چه گفتی؟»
نوجوان تکرار کرد:
«سیگار داری؟»
مرد گفت:
«اوه، نه، من سیگار نمی‌کشم. چیز خوبی نیست.»
نوجوان گفت:
«می‌دونم»
و به سایه بان ایستگاه اتوبوس برگشت.

زمزمه

«خشم و کینه را کنار بگذار.

دنیا که به آخر نمی‌رسد.»

این‌ها را زمزمه می‌کرد،

در حالی که،

در پیاده‌رُ یِ خیابان راه می‌رفت.

دست‌ها و مهربانی

در دست‌های تو جهانی را می‌بینم:
سرخ و سبز
سبز و سرخ.
در دست‌های تو خنده و مهربانی را می‌بینم.
که چون کودکانی نو پا،
بزرگ می‌شوند،
بزرگ می‌شوند،
بزرگ می‌شوند.

و،
به میهمانی دنیا می‌روند.

و دست‌های تو،
عاقبت،
اندوه بزرگ زمین را فریاد خواهند کرد.

آه،
در دست‌های تو دنیایی را می‌بینم،
دنیایی که،
در آن،
همگان،
به راحتی زیست می‌کنند.

فرار

آن چشم‌های درشت برقی زد.
آهو،
ناگهان از کنار جاده گریخت.

در آن لحظه صدایی شنیدم.
صدای خودم بود:
لرزان.
مقطع.
آن را در محله جا گذاشته بودم.

از محله قدیمی دور شدم،
درحالی که،
ضربان قلبم را می‌شنیدم:
«هوپ، هوپ، هوپ، هوپ ...»

آپارتمان

آپارتمان.
در ورودی.
پله‌ها.
پیاده‌رُ.
درخت‌های حاشیه.
پارکینگ کوچک.
خیابان.

بعد از سه سال آپارتمان را خالی کردیم.
به خانه‌ای بزرگتر رفتیم.
با آپارتمان کوچک خداحافظی کردم.
با پنجره اش،
که رو به خیابان باز می‌شد.
و از آن‌جا،
عبور رهگذران و اتومبیل‌ها و سبزیِ درخت‌ها و پرواز پرنده‌ها را می‌دیدم.
با در ورودی اش خداحافظی کردم.
دری که همیشه به رویم باز می‌شد،
و پذیرایم بود.

و با پله‌ها،
که مرا در یاد خواهند داشت.

اگر روزی

اگر روزی خواستید مرا ببینید،
در پهنه گندم‌زارها ایستاده‌ام،
و قلبم
در مشت دروگرها می‌طپد.

اگر روزی خواستید مرا ببینید،
در شهرها
به جستجوی نان ترانه می‌خوانم.

اگر روزی خواستید مرا ببینید،
زیر سقف کارخانه‌ها کار می‌کنم،
با تنی خسته،
دلی اندوهناک.

اگر روزی خواستید مرا ببینید،
آوازم دهید،
تنها آوازم دهید،
اگر روزی خواستید مرا ببینید.

زن کارگر

زن کارگر فکر می‌کند.
فکر می‌کند و به سیگارش پک می‌زند.
خیره شده است به آسفالت سیاه زیر پایش.
فکر می‌کند.
فکر می‌کند.
به سیگارش پک می‌زند.
به آسفالت سیاه زیر پایش خیره شده است.
فکر می‌کند.
فکر می‌کند.
پک می‌زند به سیگارش.
سر تکان می‌دهد.
راه به جایی نمی‌برد.
کون‌ه‌ی سیگار را پرت می‌کند،
و،
سوار اتوبوس می‌شود.

گلوله

اگر دستگیر نشده بود،
اگر زندانی نشده بود،
اگر آن گلوله‌یِ لعنتی شلیک نشده بود،
اکنون،
زنده بود.
و،
در جمعِ ما بود.

آه،
اگر آن گلوله‌یِ لعنتی شلیک نشده بود،
...

برایِ گُلِ نازنینم:

هنگامه پورکریم

عادت می‌کنم

عادت می‌کنم.
به کار سخت عادت می‌کنم.
به شب کاری‌ها،
به بی‌خوابی‌ها،
به چهره‌هایِ برافروخته،
به چهره‌های کم حوصله،
عادت می‌کنم.
باید که عادت کنم.
عادت می‌کنم.
امّا،
فرصت را نمی‌سوزانم.

به کلاس باز خواهم گشت.
و،
تا انتها پیش خواهم رفت.

عادت می‌کنم
تا اوج پرواز می‌کنم.

کوچک،
می‌توانست ما را برای همیشه از دیدار هم محروم کند.
آری،
به همین سادگی،
به همین سادگی،
برای همیشه از دیدار هم محروم می‌شدیم.
امّا،
خوشبختانه،
حالا،
کنار تو هستم،
و با موج نگاهت،
خستگی،
از تن،
بیرون می‌شود.
آری،
به همین سادگی،
به همین سادگی،
نگاهت می‌کنم،
نگاهم می‌کنی،
و،
خستگی فراموشم می‌شود.

حالا،
پرنده‌ای کنارمان نشسته است و آواز می‌خواند.

آواز پرنده

حالا،
کنار تو هستم.
بعد از گذراندن روزی کسالت بار،
حالا،
کنار تو هستم،
و،
پرنده‌ای در کنارمان نشسته است و آواز می‌خواند.

صبح،
با هم از خانه بیرون رفتیم.
با هم قدم به خیابان گذاشتیم.
و بعد،
تو از یک سو رفتی،
و من از سوی دیگر.
در آن حال،
پرنده‌ای از کنارمان پر زد و رفت.

کسی چه می‌داند،
در فاصله صبح تا شامگاه،
حادثه‌ای کوچک،
کوچک،

ماه پنهان

با هم سخن می‌گوئیم،
وقتی که،
ماه،
پنهان است.

با هم نگاه می‌کنیم.
با هم راه می‌رویم.
با هم سخن می‌گوئیم
و،
باران و بنفشه در کلام ما جاری می‌شود،
وقتی که،
ماه،
پنهان است.

چشمانش بسته بود.
بر چهره اش امّا،
تبسم خفیفی نشسته بود.

کسی ندانست،
کسی ندانست آن تبسم خفیف،
چه معنایی داشت.

به احترام همه شهدای راه استقلال و آزادی میهن

او اینجاست

از دریا آمده بودم.
در را باز کردم.
او آن جا بود.
پشت آن میز.
نه لبخندی.
نه نگاه گرمی.

کلمات آماده را برزبان آوردم
نگاه کرد.
سر تکان داد.
نه لبخندی.
نه نگاه گرمی.

چند روز بعد،
او را بردند:
دست بسته.
چشم بسته.

چند روز بعد،
سینه اش فرودگاه گلوله‌های آتشین شده بود.

پائیز

فصل دیگری فرا رسیده است:

پائیز.

با برگریزانی یکریز در کوچه‌ها و خیابان‌ها.

آسمان را،

جا به جا،

ابرهای سیاه پوشانده‌اند،

و،

بهار،

تنها،

در رؤیاهای مان زنده است.

در ترانه‌های مان.

و،

در قلبی که،

برای سرفرازی انسان می‌طپد.

آه،

فصل دیگری فرا رسیده است.

آری،
میان طوفان حوادث،
میان طوفان صداها،
تنها،
تنها،
تنها صدای تو است که می‌ماند.

صدای تو

میان تمامیِ‌یِ صداها،
- که زاده می‌شوند و می‌میرند -
تنها،
صدای تو است که می‌ماند.

صدای تو،
در پیوند با چیزی نهفته در انتهای جان آدمیان است که می‌ماند.

میان طوفان حوادث،
میان طوفان صداها،
مرا می‌خوانی،
مرا می‌خوانی تا راز گل یاس را دریابم،
و،
زایندگی‌ی بی‌انتهای دست‌هائی که،
هر بامداد،
هر نیمروز،
هر شامگاه،
زیر سقف کارخانه‌ها و در مزارع رنگ به رنگ دشت‌ها،
ترانه‌ی سرشت جهان را می‌سرایند،
بشنوم.

می‌آیم

هیس!
مبادا کسی بشنود.

می‌آیم.
با دریا و جنگل و آبیِ بی‌انتهای آسمان می‌آیم،
و سیب قرمز را برایت می‌آورم.

تاریکی فرود می‌آید.
امّا
تاریکی گذراست عزیزم!
فراموش نکن!
تاریکی گذراست.
آن چه بر جای می‌ماند،
همین دریا و جنگل و آبیِ بی‌انتهای آسمان است،
و،
این سیب قرمز،
که مزه‌ی ترش و شیرین دارد.

می‌آیم.
می‌آیم.
هیس!
مبادا کسی بشنود.
می‌آیم.

نگاه

از پله‌های سنگی‌ی ساختمان که پایین می‌آمدم،
نگاه دیکتاتور به من بود.
نگاهی سرد و خشمگین،
سیاه،
نگاهی غریبه با:
عشق،
آب،
سیب،
زندگی،
شعر.

خواهران آزادی

در دست‌هایم آئینه ایست که چشم‌های سرخ و سبز تو را،
در آن می‌بینم.

در دست‌هایم آئینه ایست که که بهار سبز و با طراوت میهنم را،
در آن می‌بینم.

میهن من،
به فردا می‌اندیشد.
به فردا،
که بهار آن با گیسوانی مواج،
از راه می‌رسد.
و اندوه بزرگ،
که باید،
رخت بربندد.

در دست‌هایم آئینه ایست که انعکاس چشم‌های تو را دارد:
سرخ و
سبز.

چشم‌هائی که،
خواهران آزادی‌اند.

صف‌ها

دیر رسیده بود.

کمی دیر.

امّا

با تیزهوشی

صف‌ها را تشخیص داده بود.

دانسته بود که جایش در کدام صف است.

پس،

در جای مناسب خود ایستاد،

و،

ارکستر با شکوه صف خود را کاملتر کرد.

از آن پس،

احساس خوشبختی می‌کرد.

این آپارتمان مال منه،
فهمیدی؟
برو از این جا.»

زانوان زن سست شد.
همان جا نشست.
دانست آپارتمان را به دو نفر فروخته بودند.
تمام دارائی اش از کف رفته بود.

تنش می‌لرزید.
چشم هایش سیاهی می‌رفت.

ایران - تهران - ۱۳۹۵

نشانی همان نشانی بود.
آپارتمان همان آپارتمان بود.
کلید همان کلید بود.
امّا،
کلید،
قفل در را باز نمی‌کرد.

زن،
بار دیگر تلاش کرد.
کلید،
قفل در را باز نکرد.
فقط کمی بعد،
در آپارتمان باز شد.
مردی در چهارچوب در پیدا شد.
با لحن تندی پرسید:
«چی می‌خوای خانم؟»

زن،
با تعجب گفت:
«این جا خونه‌ی منه!»
مرد با لحن تندی پاسخ داد:
«برو بزار باد بیاد.

حلزون

حلزون،
سر را از تاریکی‌یِ لاک خویش بیرون می‌آورد:
«وای!
چه دنیای فراخی!»

شعر

حرفه اش جستجوی کلمات بود.
با کلمات شعر می‌ساخت،
آنگاه،
شعر را پرواز می‌داد.
زیبائی و شعر یک سو،
رسوائی و دروغ سوی دیگر.

با یاد مونس همیشه همراهم هوشنگ. به لاله عزیزم.

تنهائی

تا از خانه به ساحل بیایم،
پاسی از شب،
گذشته بود.

در ساحل،
تو را ندیدم.
دخترکی تنها ایستاده بود و می‌گریست.
و،
دریا را نشان می‌داد.

باد،
هو هو می‌کرد.
دریا هیچ نگفت.
ساحل هیچ نگفت،
امّا
هر دو پریشان بودند.
و من،
دانستم که ما،
از آن پس،
تنها شده‌ایم.

شیرینی

رئیس گفت:

«وام بانکی جور میشه.

یعنی،

جورش می‌کنم.

فقط ۵٪ شیرینی‌یِ ما یادت نره»

مشتری گفت:

«ای به چشم.

اول از همه ۵٪ شیرینی‌یِ شما»

رئیس خندید.

گُل از گل‌اش شکفت.

امّا،

آن جا،

کسی صدای ایشان را نشنیده بود.

عشق
مخفیانه زندگی می‌کند.
مخفیانه فریاد می‌زند.
مخفیانه اعتراض می‌کند.
مخفیانه مبارزه می‌کند.
مخفیانه شعر می‌خوانَد.

حضور عشق ممنوع است.
آری
حضور عشق ممنوع است.
امّا،
عشق حضور دارد.
در همه‌ی ساعات حضور دارد.
در همه‌ی ساعات مبارزه می‌کند.

عشق

ساعت‌ها نشانه چیزی نیستند.
ساعت پنج صبح،
با ساعت یازده صبح تفاوتی ندارد،
چنان‌که با ساعت پنجِ عصر.

عشق حضور دارد.
در همه‌ی ساعات حضور دارد:
پنج صبح.
یازده صبح.
پنج عصر.
یازده شب.

امّا،
حضوری مخفیانه.

عشق،
مخفیانه نفس می‌کشد.
مخفیانه راه می‌رود.
مخفیانه نگاه می‌کند.
مخفیانه حرف می‌زند.
مخفیانه گریه می‌کند.
مخفیانه خنده می‌کند.

و،
در سیاهی،
غوطه می‌خوردیم.

و،
بدینسان،
آری،
بدینسان آموختیم و نگاه کردیم.

به احترام زنده یاد:
غلامرضا سرافراز

راه

وقتی افق روشن به یکباره،
سیاه،
سیاه،
سیاه شد،
از خود پرسیدیم،
امّا،
راه به جائی نبردیم.
راه،
تاریک می‌نمود،
وَ،
افق،
سیاه.

اگر نگاه تو نبود.
اگر پرنده سفید خیالت،
تا دورها،
به پرواز نبود،
ما،
راه راگم می‌کردیم،

به پشت دراز کشیده‌ام.
رهگذران می‌روند و می‌آیند.
من امّا،
به تو فکر می‌کنم محبوب من،
به تو،
وَ،
به آن کودکان زیباتر از گل سرخ‌ام.

در پارک

در پارک کنار کارون،
در سایه نخل بلندی دراز کشیده‌ام،
هوا گرم است.
آسمان غبار آلود است.
به پشت دراز کشیده‌ام.
و فکر می‌کنم هم اکنون اگر قلبم از حرکت باز ایستد،
و مرگ مرا در آغوش گیرد،
چگونه از مرگ من با خبر خواهی شد محبوب من؟
چه بر تو خواهد گذشت،
با آن کودکان زیبا تر از گل سرخ‌ام؟

– «آه،
از این افکار دوری کن!
دوری کن!
به زندگی فکر کن!»

در پارک کنار کارون،
در سایه نخل بلندی دراز کشیده‌ام.
هنگام ظهر است.
هوا گرم است.
آسمان غبار الود است.

به مناسبت اولین سال درگذشت بزرگوار گرامی‌ام:
هوشنگ پورکریم

باغچه زیر پنجره

اندوه یکساله در من نمرده است.
پنجره‌ها سوگوارند.
درخت‌ها سوگوارند.
پرنده‌ها سوگوارند.

اندوه یکساله در من نمرده است.
هنوز،
آخرین کلامت،
در خاطرم گردش می‌کند:
«باغچه زیر پنجره را آب داده‌ای؟»

آه،
اندوه یکساله،
هیچگاه در من نمی‌میرد.

دروغ

از خوش شانسی‌یِ من بود.
باران که بارید،
تو را دیدم.
فکر می‌کردم کار تمام است.
فکر می‌کردم دروغ را پشت سر گذاشته‌ایم.
امّا،
تازه،
این،
ابتدای کار بود.

باید راه رفتن را می‌آموختیم.
پس،
راه افتادیم.

اینک،
جهان،
آری،
جهان،
به احترام تو،
دقایقی به سکوت می‌ایستد.

یادت،
گرامی باد،
همیشه.

با یاد: ریحانه جبّاری

آن که گفت: «نه»

پرواز

گناه تو چه بود؟

هیچ!

دستان آز

دراز بود و تو،

باعزمی استوار،

دستان آلوده را پس زدی،

و،

ستمگران نپذیرفتند.

آنگاه،

شرمشان نیامد.

دقایق سیاه را به انجام رساندند،

تا،

رقص مرگ را ببینند،

غافل از آن که،

تو،

پرواز کردی،

و آنان

چهره‌های کریه را به نقاب پوشاندند.

تحمل باید کرد

کارگر می‌داند:
روز بلندی در پیش است.
با آفتابی سوزان.

سانسور چی می‌گوید: «هر طور خودتان صلاح می‌دانید.
گفته بودم که در کشور ما دموکراسی حاکم است.»

نویسنده،
خنده‌یِ تلخی می‌کند،
و از اطاق بیرون می‌زند.

آن موقع روز،
آسمان آن ناحیه تاریک بود.
مردم امّا،
روشنائی را می‌شناختند.
می‌دانستند،
پرنده‌ها،
در روشنائی‌ی روز پرواز می‌کنند.

اداره سانسور

در اداره سانسور،
همه چیز بر وفق مراد دیکتاتور است.
او،
راضی و خشنود است.
نویسنده امّا،
اخم‌هایش دَر هَم است.

...

سانسورچی می‌گوید: «همین که گفتم»
نویسنده می‌گوید: «نمی‌توانم،
در صورت حذف این مطالب،
نوشته‌ام بی‌سر و ته می‌شود.»
سانسورچی می‌گوید: «اتفاقاً
نوشته شما در آن صورت،
شکل کاملاً هنری به خود می‌گیرد.»
نویسنده می‌گوید: «بستگی دارد که هنر را چه معنا کنیم.»
سانسورچی می‌گوید: «نوشته‌ای که منتقد حکومت نباشد،
یک اثر کاملاً هنری است.»
نویسنده می‌گوید: «آه
نه،
بهتر است از خیرِ چاپ نوشته‌ام بگذرم.»

برای دوست بزرگوارم:
دکتر هاشم بنی طرفی

منظر

با سرپنجه اعتماد،
به ساحل مهربانی‌ات می‌رسم.
آن جا،
هفت پرنده،
در هفت رنگ،
به پروازند.

آه،
دریچه دیگری برای تماشای انسان،
گشوده می‌شود.

عریان

خیابان،
اندوهگین است.
در پیاده‌رُ،
مردی تمام درونش را عریان کرده است.

ما مانده‌ایم در کوچه‌ها،

در خیابان‌ها،

با خاطراتی سبز،

که ریشه‌های عمیق دارند.

نه،

از سر اتفاق نبود.

به تجربه دریافته بودم.

بهای سنگینی پرداخته بودم.

خردادخونین را دیده بودم.

خرداد - آزادی

نه.
از سر اتفاق نبود.
به تجربه دریافته بودم
دیدار تو
زمان و مکان نمی‌شناخت.
در هر زمان،
در هر مکان،
شادیِ شیرینی نصیبم می‌ساخت.

خطوط و قالب‌های کهنه را کنار زده بودم.
به آفتاب و درخت‌ها نگاه می‌کردم.
این را به تجربه دریافته بودم.
از آن زمان که خرداد خونین را دیده بودم.

به آفتاب فکر می‌کردم.
به درخت‌ها،
به پرنده‌ها.

خرداد خونین گذشت.
با آن‌همه گل‌های پرپر،
خردادخونین گذشت.

پنجره

پنجره را که باز می‌کنم،
صداها را می‌شنوم:
صدای آب،
صدای درخت،
صدای پرنده،
صدای بهار،
صدای انسان.

پنجره را که می‌بندم،
چیزی سیاه و گزنده هجوم می‌آورد.
پیش می‌آید،
خیره می‌شود تا از رفتن بازمانم.

آه،
پنجره را که باز می‌کنم،
بزرگ می‌شوم.
بزرگ می‌شوم مثل انسان،
مثل شعر،

و،
شاعر،
برایِ من شعر می‌خوانَد.

و بعد،
انتظار.
در عمق یکهزار و سیصد متری زمین.

این بالا،
بالای عمق یکهزار و سیصد متری زمین،
صدا،
در خلأ پیش می‌رود.

خانواده‌ها،
گریان – گریان – گریان،
و،
سوگوار.

به یاد معدن کاران معدن یورت، آزاد شهر ایران

نبرد گوشت و آتش

انفجار آنجا بود:

در عمق یک هزار و سیصد متری زمین.

جدال گوشت و آتش.

و هیولای مرگ،

که ناگهان از راه رسید:

در عمق یکهزار و سیصد متری زمین.

در دل تاریکی،

در عمق یکهزار و سیصد متری زمین.

انفجار،

آوار،

تاریکی،

دود،

غبار،

خاک،

در عمق یکهزار و سیصد متری زمین.

و بعد،

مرگ.

و بعد،

سکوت.

دنیای خود

بلند بلند حرف می‌زد.
به زبانی بیگانه.
بلند بلند.
آن‌های دیگر نمی‌فهمیدند.
کمی عصبانی بود.
آرامش اطاق انتظار را بهم زده بود.
مردش هم دنبال اش.

و،
مرد ژنده پوش،
همچنان در خواب است.

خیال

کنار کارون نشسته‌ام.
صبح است.
آن طرف،
مردی در ساحل خوابیده است،
با لباسی ژنده،
و،
پاهایی برهنه.

آسمان آبی است.
پرنده فکرم به دورها سفر می‌کند،
به جائی که تو هستی محبوب من.
و تصویری از چهره‌ات را و موهای پریشانت را،
برایم ارمغان می‌آورد.

کنار کارون نشسته‌ام.
صبح است.
آسمان آبی است.
کارون،
همچنان بی‌صدا به سمت دریا پیش می‌رود،
من،
به تو فکر می‌کنم،

او

هم او بود.
پس از اینهمه سال،
چهره شکسته - موها سفید.

دوتا دوتا
سه تا سه تا.

آفتاب می‌تابد.
روز به نیمه رسیده است.
هوا طعم گسی دارد.
سنگین است و چیزی در آن موج می‌زند:
مثل سرب.
کارگران پچ‌پچه می‌کنند.
....

پنج ماه است که حقوق نگرفته‌ایم.
مختصری پرداخت می‌کنند هر بار،
با عنوان مساعده.

حرف مان منطقی است
منطقی،
ساده.
«ما حقوقمان را می‌خواهیم»
امّا،
کو گوش شنوا؟

از آن بالائی‌ها هنوز خبری نیست
امّا،
خبری خواهد رسید از آن بالائی‌ها،
امروز،
یا،
فردا.

روز به نیمه رسیده است.
آفتاب می‌تابد.
دو دستگاه جیپ پلیس از در کارخانه گذر می‌کنند.
وارد محوطه می‌شوند.
وارد محوطه می‌شوند دو دستگاه جیپ پلیس.
کارگران پچ‌پچه می‌کنند:

اعتصاب

هوا طعم گسی دارد.
سکوتی سنگین موج می‌زند در هوا.
ایستاده‌ایم.
ایستاده‌ایم در محوطه کارخانه.
کارگران جمعند.
حرف می‌زنند با هم:
دوتا دوتا.
سه تا سه تا.

هوا طعم گسی دارد.
سنگین است و چیزی در آن موج می‌زند:
مثل سرب.

صبح امروز،
دست از کار کشیدیم.
خواسته‌هائی داریم.
خواسته‌هائی بسیار ساده:
ساده مثل هوا.
ساده مثل نان.
مثل آب.

شب

شب را،
هرچه چراغانی کنند،
باز هم شب است،
با آسمانی سیاه،
سیاه،
سیاه،
که در آن،
ستاره‌ها،
سو سو می‌زنند.

شب،
نرم و آهسته فرا می‌رسد.
در سکوت شب،
می‌لغزم و پیش می‌روم
نه دری،
نه دیواری،
نه سیم خارداری.

زندگی را می‌نوشم.
جانی دوباره می‌گیرم،
مرگ را پس می‌زنم.
نه دری،
نه دیواری،
نه سیم خارداری.

این آرزو،
روزی به انجام می‌رسد.
نه دری،
نه دیواری،
نه سیم خارداری.

زندان‌ها فرو می‌ریزند

چشم‌هایم را می‌بندم و باز می‌کنم.
نه دری
نه دیواری،
نه سیم خارداری.

دست‌هایم را بازمی‌کنم و فرو می‌آرم.
نه دری
نه دیواری،
نه سیم خارداری.

روز،
پر شکوه فرا می‌رسد.
خورشید،
پرشکوه می‌تابد.
چشم اندازم وسعت دشت
چشم اندازم شکوه درخت‌ها
آسمان آبی - آبی.
نه دری
نه دیواری،
نه سیم خارداری.

زندانی

نیمه شب،
زندانی،
فقطِ صدای حشره‌ای می‌شنود:

«سس ... سس ... سس ...»

بیست و چهار سال

بیست و چهار سال داشت.
کتاب را در خانه اش یافتند.
گفتند:
«کتاب ممنوعه!»
گفتند:
«حدود صد برگ اعلامیه‌ی ممنوعه هم یافتیم!»

این‌ها مدارک جرم بود.
آن‌ها عمیقاً اعتقاد داشتند که او عنصری خطرناک است.
پس،
با سرعت دست به کار شدند.
اوّل،
یک دادگاه نمایشی.
بعد،
بلافاصله تیرباران.
بعد،
جسد را گم وگور کردند.

بیست و چهارسال داشت.

مادر،
هنوز به تماشای رد باریک خون نشسته است.

عشق را پنهان کرده‌ای،
شعر امّا،
تو را می‌بیند.

شک نداشته باش عزیز،
شک نداشته باش.
شعر،
با تو راه می‌آید.

عشق را پنهان کرده‌ای

خانه به خانه،
کوچه به کوچه،
کلاهت را تا ابروانَت پائین کشیده‌ای،
مبادا نگاه دزدانه‌ای تو را بیابد.

عجب نیست نازنین.
در زمانه‌ای که ماه پیدا نیست،
نگاه کردن جرم است.
سخن گفتن جرم است،
عشق ورزیدن جرم است.

شب به آخر می‌رسد عزیز!
می‌دانی
شب به آخر می‌رسد.
چراغ خانه روشن است،
امّا،
پنهان است.

خانه به خانه،
کوچه به کوچه،
کلاهت را تا ابروانَت پائین کشیده‌ای،

سادگی

سادگی را دست کم نگیر.
تمام زندگانی‌ات،
از برابر تمام جهان گذر می‌کند.
زیبا باش،
و،
بزرگوار.
و از برابر چشمان جهان،
بی‌پیرایه و بی‌غرور،
گذر کن.

چیزی حدود یازده سال.
یازده سال:
زندان.
شکنجه.
در به دری.
یازده سال:
با رؤیاها پرواز کردن.
در سکوت ترانه خواندن.

حالا،
خاطرات آن یازده سال برایش مانده است.
به علاوه‌ی،
چین‌های روی پیشانی و گوشه‌ی چشم‌ها.
به علاوه‌ی،
هراس آن سال‌ها،
امید آن سال‌ها
به علاوه‌ی
لبخند زیبای آن کودک در مترو،
که او را به زندگی فرا می‌خوانْد.

سفر ۲

از شکنجه بر روی تخت چوبی در شکنجه گاه تا سفر به آمریکای شمالی.

شب.
اعلامیه.
کارخانه.
سخنرانی.
اعتصاب.
فرار.
کوچه‌های شهر.
خانه.
پلیس.
محاصره.
دستگیری.
«چشم بند»
زندان.
سلول انفرادی.
تخت چوبی.
شکنجه.
فرار.
آمریکای شمالی.

فردا از راه می‌رسد،
با پرنده کوچک قلبم،
به جنگ دیوارها خواهم رفت.
به جنگ درهای بسته خواهم رفت.

در خانه کسی نیست.
همه به سفر رفته‌اند
میز و صندلی‌ها،
دیوارها،
درها،
آرام در جای خود نشسته‌اند.
من نیز،
آرام و بی‌صدا،
در جای خود نشسته‌ام.
آرام و بی‌صدا،
چای می‌نوشم،
وَ،
لذّت می‌بَرم.

سفر ۱

در خانه کسی نیست.
همه به سفر رفته‌اند:
همسرم
وَ
ساقه‌های گُلم

در خانه تنها هستم.
تنها هستم،
وَ،
به فردا فکر می‌کنم.

می‌دانم.
مثل همه روزهای گذشته،
فردا از راه می‌رسد،
وَ،
پرنده‌ی کوچک قلب‌ام،
پرواز خواهد کرد.

خیابان‌ها را می‌شناسم.
وَ،
همهمه گنگی که در آن‌ها جاری است.

تابستان ۱۳۶۷

دیگر همه چیز عیان بود.
آنان،
بقصد کشتار آمده بودند.

تیغ سانسور

تیغ سانسور راه می‌افتد.
شب را روز،
روز را شب،
تاریکی را روشنایی،
روشنایی را تاریکی،
سکوت را آواز،
آواز را سکوت جلوه می‌دهد،
بعد،
در تلویزیون دولتی ظاهر می‌شود،
می‌گوید:

«ما بهترینیم.
ما در جهان نمونه‌ایم»

امّا،
زندگی قانون خود را دارد.
زندگی به راه خود می‌رود.

یکی در تاریکی،
آواز می‌خواند.

- بزرگراه،
تا انتها باز است -

آن سو،
میلیاردها قطعه اسکناس از حساب‌های بانکی ناپدید می‌شوند.
- آب از آب تکان نمی‌خورد-

آن سو،
پاره ابری نازا،
در صفحه‌ی تلویزیون سخنرانی می‌کند.
- دروغ به دروغ می‌بافد،
و شرم نمی‌کند -

× ×

روزنامه‌ها،
خبر از ایجاد چندین هزار فرصت جدید شغلی می‌دهند:
برای سال دیگر،
یا،
برای صد و پنجاهمین سال آینده.

× ×

آه،
مردی در پیاده‌رُ گدائی می‌کند،
و،
کارتن خواب‌ها،
از گورها بر می‌خیزند.

گور خواب‌ها[۴]

روزنامه‌ها
خبر از ایجاد چندین هزار فرصت جدید شغلی می‌دهند:
برای سال دیگر
یا
برای صد و پنجاهمین سال آینده.

× ×

مردی در پیاده‌رُ گدائی می‌کند.
صف طویل جویندگان کار جلوی در کارخانه‌ها خودنمائی می‌کند.
ده‌ها نفر کارتن‌ها را پس می‌زنند،
از گورها بیرون می‌آیند،
تا لقمه نانی بیابند.

× ×

آن سو،
برج‌های تجاری و مسکونی سر به ابرها می‌سایند،
- با استخرها،
جکوزی‌ها -

آن سو،
اتومبیل‌های گران قیمت پیش می‌تازند،

---

[۴] گورخواب ها: دی ماه ۱۳۹۵، در روزنامه ها خواندم که ده ها نفر، از سر ناچاری، شب ها، در گورهای آماده می خوابند.

وقتی شعر می‌خوانی،
طناب‌های دار رشته رشته می‌شوند.
پاره پاره می‌شوند.

و،
آدمی،
روشنائی را می‌بیند.

بخوان!
شعرت را بخوان!

بخوان!

شعری می‌خوانی،
دریا،
آرام می‌شود و گوش می‌سپارد به شعر تو.

این ناحیه تاریک است.
روشنائی امّا،
در شعر تو پیداست.

وقتی شعر می‌خوانی،
سرباز،
تفنگ را زمین می‌گذارد.
پوتین جنگ را کنار می‌نهد،
به خانه باز می‌گردد،
تا با درخت و پرنده و زمین و آسمان ترانه بخواند،
و،
کار کند.
کار کند.
کار کند.

بخوان!
شعرت را بخوان!

اوج

کتاب را باز کرد.
ریشه‌ها در اعماق راه می‌جستند.
برگ‌ها در روشنائی روز سبز چشم نوازی داشتند.
با کتاب به سفر رفته بود.
انگار پرنده‌ای،
در اوج.

زندگی ۲

هر صبح که از خانه بیرون می‌آیم،
فکری شبیه این در سرم راه می‌یابد:
«غروب امروز،
به خانه باز خواهم گشت؟»

نمی‌دانم در این هوای پاک و کمی سرد صبحگاهی،
چه نهفته است،
که بلافاصله مرگ از یادم می‌رود.
زندگی ظاهر می‌شود.
آن را می‌نوشم،
و،
پیِ کار خود می‌روم.

زندگی ۱

از خواب برمی خیزم.
چراغ را روشن می‌کنم.
پرده‌ی پنجره‌ی رو به کوچه تکان می‌خورد،
بیدار می‌شود.
تکه‌ای نان،
و کمی میوه،
میهمان کیف دستی‌ام می‌شوند.
چراغ خاموش.
از خانه بیرون می‌زنم.
هوا کمی روشن شده است.
روز،
انگار به استقبال من می‌آید.
درخت‌های پارک جنگلی هنوز خوابند.
امّا،
زمزمه آرام خیابان را می‌شنوم.
راه می‌افتم.
قدم‌هایم را کمی تند می‌کنم.
تا ایستگاه اتوبوس راهی نیست.
روزی زیبا در انتظار من است.
آسمان زیبا.
درخت‌ها زیبا.
و هوای دم صبح مستم می‌کند.

دریاها

دریاها،
اندوه جهان را را در سینه دارند و برای من،
بی‌وقفه،
ترانه می‌خوانند.

دریاها،
برای من ترانه می‌خوانند،
تا،
نگاهم،
به افق‌های دور پرواز کند.
آنجا که سفید،
سفید است و
سیاه،
سیاه.
آه،
دریاها،
دریاها اندوه جهان را برای من ترانه می‌خوانند،
و من،
انگار،
هرگز،
شکسته نخواهم شد.

امّا،

می‌دانم که در ذهن پاک بهار،
همیشه زنده‌ای.
همیشه سبز و بالنده‌ای

با یاد دوست بزرگوارم:
صالح امیرافشار

گل سرخ

دیگر تو را نمی‌بینم،
می‌دانم.
حتی اگر بهار،
با هزار هزار جوانه سبز،
این زمین و این آسمان را فرا گیرد،
و،
هزار هزار گل سرخ،
از تن ساقه‌ها،
تا آفتاب،
تا ستاره‌ها،
قد برکشند،
دیگر تو را نمی‌بینم،
تا راز استقامت انسان را،
در خشکسالیِ شعور و عاطفه و لبخند،
دریابم.

دیگر تو را نمی‌بینم خوب من!
می‌دانم،
می‌دانم.

کارون[۳]

کارون،
از میان شهر،
آهسته آهسته پیش می‌رود.
بی‌توجه به هیاهوی گنگ شهر،
بی‌توجه به خانه‌ها و کارخانه‌ها و کشتزارها،
بی‌توجه به درخت‌هائی که سبز و پر شاخ،
سایه گسترده‌اند،
از میان شهر،
کارون،
آهسته آهسته پیش می‌رود.

کارون،
آهسته آهسته،
از میان شهر،
به سوی دریا می‌رود.

---

[۳] کارون: رودخانه کارون.

تفنگ‌هائی که فقط خشاب[2] دارند.
خشاب‌هائی که،
آماده‌ی کارند.

---

[2] «خشاب (خ) محفظه فلزی در تفنگ و سایر سلاح های آتشی که جای هفت فشنگ یا بیشتر دارد و گلوله از آن وارد لوله می شود.» فرهنگ عمید

جنگ

سربازها به خط ایستاده‌اند.
فرمانده سخنرانی می‌کند.
از جنگ می‌گوید
از فواید آن سخن می‌راند.
از دشمنان.
از کشتار دشمنان.
از خون.
از پیروزی.

بعد،
سربازها به ترتیب جلو می‌روند،
مغز و قلب شان را می‌دهند،
و،
تفنگ می‌گیرند.

سربازها،
با تفنگ‌ها به جبهه می‌روند
تفنگ‌هائی که،
مغز ندارند.
قلب ندارند.

می‌بوسد،
بعد،
هر دو قهقهه می‌زنند.

صحنه‌ی سه

نرمه نسیمی می‌وزد.
برگ درخت‌ها در جا تکان می‌خورند،
سبزه‌ها کمی خم می‌شوند.

صلح

صحنه‌ی یک

زمان: سال دوهزار و شانزده میلادی

ساعت شش و ده دقیقه‌ی عصر یک روز بهاری

مکان: یک پارک جنگلی در حاشیه شهری کوچک در ایالا ت متحده آمریکا

آسمان: آبی - آبی - آبی،

با پاره‌های شیری رنگ ابر

گرمای هوا: شصت و نه درجه فارنهایت

موقعیت: بچه‌ها هیاهوکنان بازی می‌کنند

صحنه‌ی دو

مادر اشاره می‌کند

پسربچه نگاه می‌کند.

می‌خندد.

از کنار مادر دور می‌شود.

می‌دود - می‌دود - می‌دود.

پدر،

خندان،

از دور پیدا می‌شود.

آغوش می‌گشاید.

پسربچه خنده کنان در آغوش پدر جای می‌گیرد.

پدر او را در آغوش می‌فشارد

حافظ[1]

بلبل عاشق تو عمر خواه که آخر
باغ شود سبز و سرخ گل بدر آید

---

[1] خواجه شمس الدین محمد شیرازی، متخلص به «حافظ» غزلسرای نامدار ایرانی. وی حدود سال ۷۲۶ هجری در شیراز متولد شد و به سال ۷۹۲ هجری قمری در شیراز درگذشت. آرامگاه او در حافظیه شیراز زیارتگاه عاشقان علم و ادب است. **دیوان حافظ.** انجمن خوشنویسان ایران، انتشارات سروش (چاپ دوم) ۱۳۶۸.

با یاد: برادر بزرگوار،

مونس همیشه همراه:

هوشنگ پورکریم

تقدیم به: خانم مینا علیپور

به پاس همراهی در روزهای سخت، و باعشق

نگاه	۷۷
می‌آیم	۷۸
صدای تو	۷۹
پائیز	۸۱
او اینجاست	۸۲
ماه پنهان	۸۴
آواز پرنده	۸۵
عادت می‌کنم	۸۷
گلوله	۸۸
زن کارگر	۸۹
اگر روزی	۹۰
آپارتمان	۹۱
فرار	۹۳
دست‌ها و مهربانی	۹۴
زمزمه	۹۵
تاریکی – سیگار	۹۶
ماهِ بِدْر	۹۸
ترانه آخر	۹۹
فریاد	۱۰۰
نان و آزادی فرا می‌رسند	۱۰۲
پرنده	۱۰۳

اعتصاب	42
او	45
خیال	46
دنیای خود	48
نبرد گوشت و آتش	49
پنجره	51
خرداد - آزادی	52
عریان	54
منظر	55
اداره سانسور	56
تحمل باید کرد	58
پرواز	59
دروغ	61
باغچه زیر پنجره	62
در پارک	63
راه	65
عشق	67
شیرینی	69
تنهائی	70
شعر	71
حلزون	72
ایران - تهران - 1395	73
صف‌ها	75
خواهران آزادی	76

فهرست

حافظ ۱۱
صلح ۱۳
جنگ ۱۵
کارون ۱۷
گل سرخ ۱۸
دریاها ۲۰
زندگی ۱ .... ۲۱
زندگی ۲ .... ۲۲
اوج ۲۳
بخوان! ۲۴
گور خواب‌ها ۲۶
تیغ سانسور ۲۸
تابستان ۱۳۶۷ .... ۲۹
سفر ۱ .... ۳۰
سفر ۲ .... ۳۲
سادگی ۳۴
عشق را پنهان کرده‌ای ۳۵
بیست و چهار سال ۳۷
زندانی ۳۸
زندان‌ها فرو می‌ریزند ۳۹
شب ۴۱

-۵-

پرنده، روزی پرواز خواهد کرد

مجموعه قطعات کوتاه

هاشم پورکریم

One Day, The Bird Will Fly [Persian]
Poems by Hashem Pourkarim

Copyright © 2018 Hashem Pourkarim

ISBN: 978-1-58814-162-0

Library of Congress Control Number: 2017958879

All rights reserved. No part of this book may be reproduced or retransmitted in any manner whatsoever except in the form of a review, without permission from the author. The author may be contacted at: 240-899-1996

Manufactured in the United States of America

The paper used in this book meets the minimum requirements of the American National Standard for Information Services—Permanence of Paper for Printed Library Materials, ANSI Z39.48–1984

Ibex Publishers strives to create books which are complete and free of error. Please help us with future editions by reporting any errors or suggestions for improvement to the address below or: corrections@ibexpub.com

Ibex Publishers, Inc.
Post Office Box 30087
Bethesda, Maryland 20824
Telephone: 301–718–8188
www.ibexpublishers.com

ویرایش: جوانه پورکریم

طرح روی جلد اثر: هنگامه پورکریم

از آقای فرهاد شیرزاد مدیر مؤسسهٔ انتشارات ایبکس به دلیل همکاری ایشان در صفحه آرائی و چاپ این کتاب صمیمانه تشکر می‌کنم.

پرنده

روزی پرواز خواهد کرد

مجموعه قطعات کوتاه

هاشم پورکریم

Ibex Publishers,
Bethesda, Maryland

از هاشم پورکریم، تاکنون این کتاب‌ها منتشر شده است

بگو! برای من، از پرنده و سبزه و بهار بگو! (گزیده قطعات کوتاه) ۲۰۱۵
آوازهای زمین. (مجموعه قطعات کوتاه) ۲۰۱۶
این که می‌بینی، همراه ما نیست. (مجموعه قطعات کوتاه) ۲۰۱۶
تا فردا، راه باید رفت. (مجموعه قطعات کوتاه) جولای ۲۰۱۶
پرنده، روزی پرواز خواهد کرد (مجموعه قطعات کوتاه) ۲۰۱۸

پرنده روزی پرواز خواهد کرد